2.-5. Schuljahr

Gabriela Rosenwald

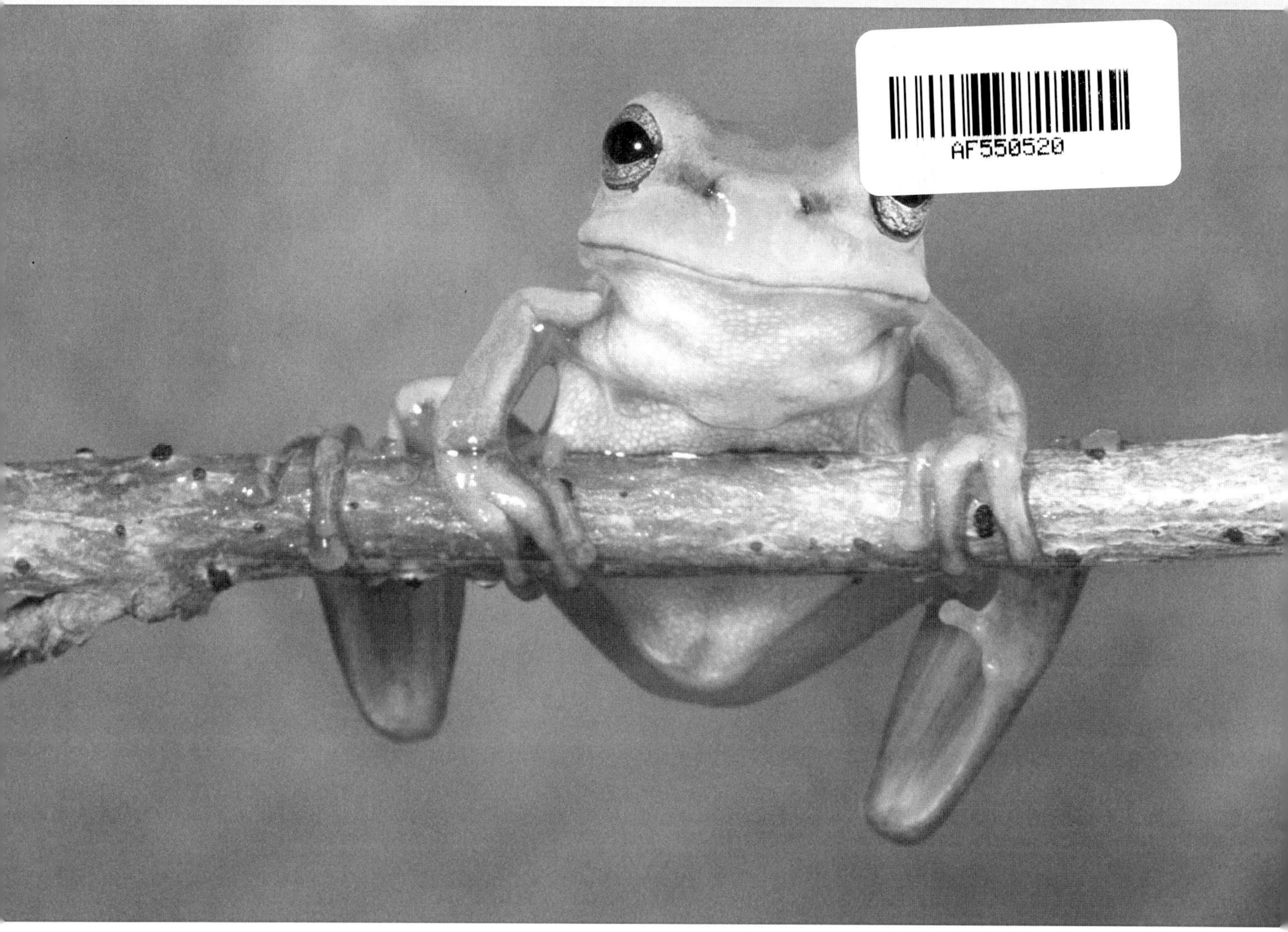

Lernwerkstatt Frosch & Kröte

Wir werden kleine Amphibienforscher

www.kohlverlag.de

Lernwerkstatt FROSCH & KRÖTE

„Wir werden kleine Amphibienforscher“

11. Auflage 2024

Inhalt: Gabriela Rosenwald
Umschlagbild: © isonphoto - fotolia.com
Redaktion: Kohl-Verlag
Grafik & Satz: Simedia.de
Druck: farbo prepress GmbH, Köln

Bestell-Nr. 11 516

ISBN: 978-3-95513-839-4

Bildquellen Inhalt:

Seite 16 oben — Steffen Temp - wikipedia.org
Seite 34 — Matthias Wilke - wikipedia.org
Seite 39 — oben rechts und unten links: wikipedia.org
unten rechts: Christian Fischer - wikipedia.org

Der vorliegende Band ist eine Print-Einzellizenz

Sie wollen unsere Kopiervorlagen auch digital nutzen? Kein Problem – fast das gesamte KOHL-Sortiment ist auch sofort als PDF-Download erhältlich! Wir haben verschiedene Lizenzmodelle zur Auswahl:

	Print-Version	PDF-Einzellizenz	PDF-Schullizenz	Kombipaket Print & PDF-Einzellizenz	Kombipaket Print & PDF-Schullizenz
Unbefristete Nutzung der Materialien	x	x	x	x	x
Vervielfältigung, Weitergabe und Einsatz der Materialien im eigenen Unterricht	x	x	x	x	x
Nutzung der Materialien durch alle Lehrkräfte des Kollegiums an der lizensierten Schule			x		x
Einstellen des Materials im Intranet oder Schulserver der Institution			x		x

Die erweiterten Lizenzmodelle zu diesem Titel sind jederzeit im Online-Shop unter www.kohlverlag.de erhältlich.

Inhalt

		Seite
	Vorwort	**4**
	Arbeitspass	**5**
Kap. I:	**Amphibien (Lurche) Einteilung und Definition**	**6 - 20**
	- Der Frosch Max und die Kröte Emma	*9 - 10*
	- Was unterscheidet Frösche und Kröten?	*11*
	- Kaltblütig und wechselwarm	*12*
	- Welche Tiere legen Eier?	*13*
	- Skelett und Organe von Frosch und Kröte	*14 - 15*
	- Wie wird das Ei zu Frosch oder Kröte?	*16 - 17*
	- Kaulquappen	*18 - 20*
Kap. II:	**Der Grasfrosch**	**21 - 22**
Kap. III:	**Der Teichfrosch**	**23 - 24**
Kap. IV:	**Der Laubfrosch**	**25 - 26**
Kap. V:	**Die Erdkröte**	**27 - 29**
Kap. VI:	**Die Geburtshelferkröte**	**30**
Kap. VII:	**Aufgaben**	**31 - 44**
	- Frösche – Zusammenfassung	*31*
	- Das große Frosch-Kröten-Quiz	*32 - 33*
	- Die Frösche – Johann Wolfgang von Goethe	*34*
	- Frosch- und Krötengedichte schreiben	*35*
	- Frosch- und Krötenwörter – Wortarten	*36*
	- Wortbaustellen	*37*
	- Frosch Logical – Kennst du die Frösche?	*38*
	- Naturschutz und Krötenzäune	*39*
	- Frosch malen Schritt für Schritt	*40*
	- Frosch-Kröten-Mandala	*41*
	- Froschmobile aus CD basteln	*42*
	- Frösche oder Kröten aus Papprollen	*43*
Kap. VIII:	**Die Lösungen**	**44 - 47**

Lernwerkstatt FROSCH & KRÖTE „Wir werden kleine Amphibienforscher – Bestell-Nr. 11 516

KOHL VERLAG

Vorwort

Liebe Kolleginnen und Kollegen,

leider geht von unserer Flora und Fauna immer mehr verloren – die Zivilisation fordert ihren Tribut.

Frosch und Kröte? Ist das nicht das Gleiche? Sie sind braun oder grün, hüpfen und quaken. Aber von der faszinierenden Metamorphose vom Laich über die Kaulquappe bis zum adulten Tier gibt es so viel Interessantes zu berichten!

Mit vielen Aufgaben zum Textverständnis, Schreiben, Einfügen, Erzählen, Dichten, Malen und Basteln sind schon die jüngsten Schüler in der Lage, diese Kopiervorlagen zu bearbeiten. Und bestimmt gibt es irgendwo einen Frosch oder eine Kröte; die als Anschauungsobjekt herhalten können!

Viel Freude und Erfolg beim Einsatz der vorliegenden Kopiervorlagen wünschen Ihnen der Kohl-Verlag und

Gabriela Rosenwald

Bedeutung der Symbole:

Einzelarbeit

Partnerarbeit

Arbeiten in kleinen Gruppen

Arbeiten mit der ganzen Gruppe

Arbeitspass

Name: ______________________________ Klasse: ____________

Seite	Titel	begonnen	erledigt

KOHL VERLAG Lernen mit Erfolg
Lernwerkstatt FROSCH & KRÖTE „Wir werden kleine Amphibienforscher" – Bestell-Nr. 11 516

I. Amphibien (Lurche) – Einteilung und Definition

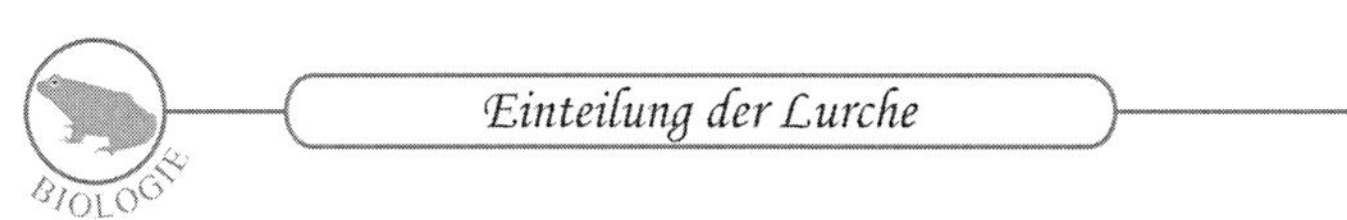

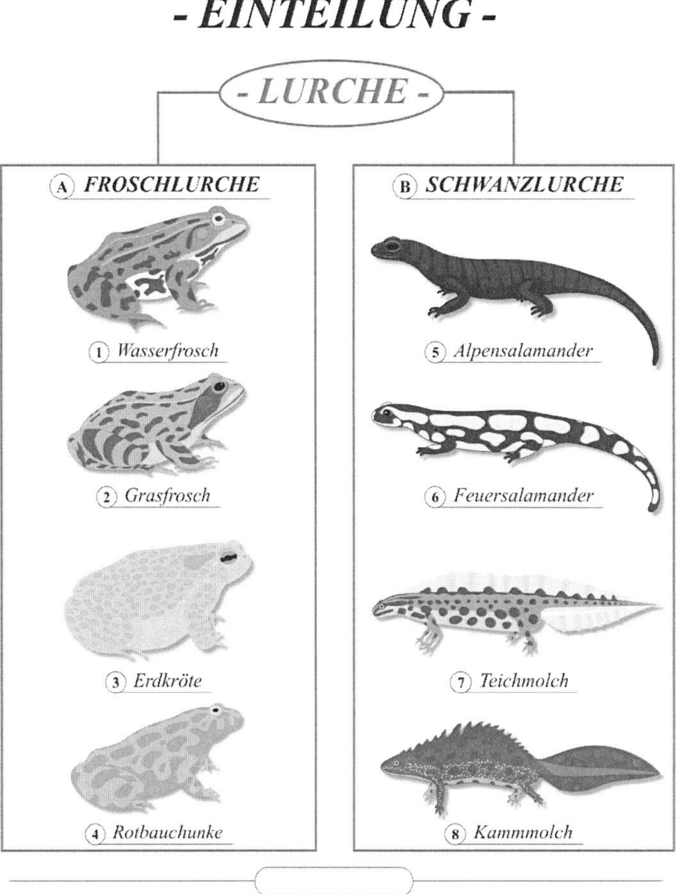

Zu den einheimischen Amphibien oder Lurchen zählen Salamander, Molche, Unken, Kröten und Frösche. Insgesamt leben in Deutschland 21 Amphibienarten. Über die dick gedruckten Tiere steht noch mehr in diesem Heft.

Alpensalamander
Feuersalamander
Bergmolch
Kammmolch
Alpen-Kammmolch
Fadenmolch
Teichmolch
Rotbauchunke
Gelbbauchunke
Geburtshelferkröte
Knoblauchkröte

Erdkröte
Kreuzkröte
Wechselkröte
Laubfrosch
Moorfrosch
Grasfrosch
Springfrosch
Wasserfroschkomplex
Teichfrosch
Seefrosch
Kleiner Wasserfrosch

Lernwerkstatt FROSCH & KRÖTE „Wir werden kleine Amphibienforscher – Bestell-Nr. 11 516

I. Amphibien (Lurche) – Einteilung und Definition

EA

Aufgabe 1: *In welche Gruppen werden die Lurche unterteilt? Nenne sie.*

EA

Aufgabe 2: *Worin unterscheiden sich die Lurchgruppen und welche Arten gehören beispielsweise zu den jeweiligen Gruppen?*

EA

Aufgabe 3: *Wie viele Amphibienarten (Lurcharten) leben in Deutschland?*

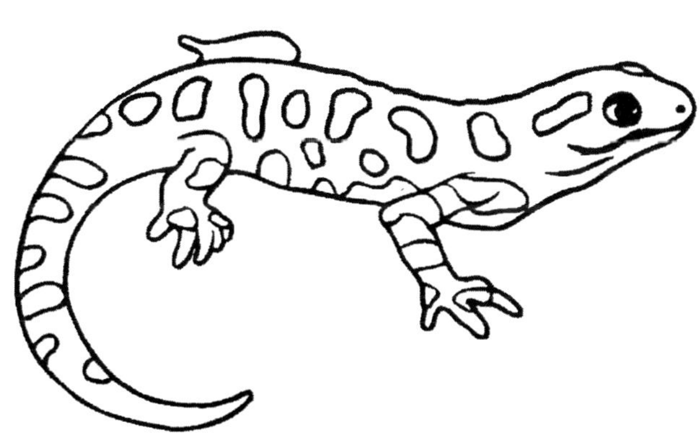

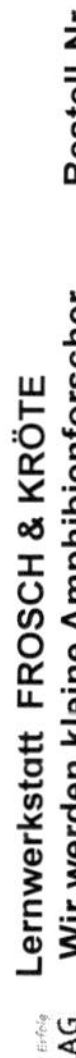

I. Amphibien (Lurche) – Einteilung und Definition

Alle Frösche und Kröten gehören zur Familie der Lurche. Fachleute nennen sie Amphibien. Das sind Tiere, die im Wasser und auf dem Land leben. Sie können durch ihre Lungen und durch ihre Haut atmen. An Land atmen sie durch Lungen. Kalte Winter verbringen sie am Boden eines Gewässers, dabei atmen sie durch die Haut. Ihre Haut darf nicht austrocknen. Die Körpertemperatur wechselt je nach der Umgebung und der Jahreszeit.

Zu den einheimischen Amphibien oder Lurchen zählen Frösche, Kröten, Salamander, Molche und Unken.

EA

Aufgabe 4: *Kreise ein:*

- *Welche Tiere leben an Land? (grüner Kreis)*
- *Welche Tiere leben im Wasser? (blauer Kreis)*
- *Welche Tiere leben an Land und im Wasser? (roter Kreis)*

Lernwerkstatt FROSCH & KRÖTE
„Wir werden kleine Amphibienforscher" – Bestell-Nr. 11 516
KOHL VERLAG

I. Amphibien (Lurche) – Einteilung und Definition

Der Frosch Max und die Kröte Emma

PA

Aufgabe 5: *Lest mit verteilten Rollen.*

Der Frosch sagt:	Hallo! Ich bin Max, der Frosch!
Die Kröte sagt:	Ich bin Emma, die Kröte!
Max:	Ich bin dünner und kleiner als eine Kröte! Ich habe lange Hinterbeine und kann weit springen.
Emma:	O.k., o.k., ich kann nicht springen. Ich habe eher kurze Beine. Aber dafür werde ich größer als ihr Frösche!
Max:	Meine Haut ist glatt und feucht.
Emma:	Ich habe eine trockene Haut und viele Warzen und Beulen.
Max:	Ich habe Zähne!
Emma:	Ich brauche keine Zähne!
Max:	Wir Frösche legen unsere Eier in großen Haufen. Das heißt Laich.
Emma:	Wir Kröten legen unsere Eier in langen Schnüren. Bei uns heißt es auch Laich.
Max:	Ich habe ein spitzes Maul!
Emma:	Mein Maul ist kurz, aber genauso gut!

Lernwerkstatt FROSCH & KRÖTE „Wir werden kleine Amphibienforscher – Bestell-Nr. 11 516
KOHL VERLAG

I. Amphibien (Lurche) – Einteilung und Definition

EA

Aufgabe 6: *Schneide die Kärtchen auf der nächsten Seite aus. Klebe die Merkmale von Max, dem Frosch und Emma, der Kröte in das richtige Feld. Schreibe die Sätze dann in dein Heft/in deinen Ordner.*

	Max	Emma
Größe		
Haut		
Hinterbeine		
Zähne		
Laich		
Maul		

Lernwerkstatt FROSCH & KRÖTE „Wir werden kleine Amphibienforscher – Bestell-Nr. 11 516
KOHL VERLAG

I. Amphibien (Lurche) – Einteilung und Definition

Was unterscheidet Frösche und Kröten?

ist kleiner als Kröten

hat keine Zähne

hat kürzere Hinterbeine, springt nicht

legt den Laich in Schnüren ab

hat ein breites Maul

ist größer als Frösche

hat glatte und feuchte Haut

legt den Laich in Ballen oder Haufen ab

hat trockene Haut mit vielen Warzen

hat ein spitzes Maul

hat kleine Zähne

hat lange Hinterbeine, kann weit springen

I. Amphibien (Lurche) – Einteilung und Definition

Kaltblütig und wechselwarm

EA

Aufgabe 7: *Setze passend ein.*

a) Max ist ____________________ (klein) als Emma.

b) Emma ist ____________________ (groß) als Max.

c) Max Haut ist __________________ (glatt) als Emmas.

d) Emmas Haut ist ____________________ (trocken) als Max.

e) Max kann ____________________ (weit) springen als Emma.

f) Emma hat __________________ (kurz) Hinterbeine als Max.

g) Emma hat ein ____________________ (breit) Maul als Max.

h) Max hat ein ___________________ (spitz) Maul als Emma.

Alle Amphibien sind Kaltblüter.
Da heißt aber nicht, dass sie immer einen kalten Körper haben. Gemeint ist, dass sie ihre Körpertemperatur der Umgebung anpassen. Daher werden sie auch als wechselwarme Tiere bezeichnet. Bei Kälte werden sie langsam und träge. Bei starker Kälte werden sie bewegungslos. Sie fallen in eine Winterstarre. Bei Wärme sind sie flink und lebhaft.

EA

Aufgabe 8: *Hier siehst du noch andere wechselwarme Tiere.
Schreibe den richtigen Namen darunter. Male die Tiere an.*

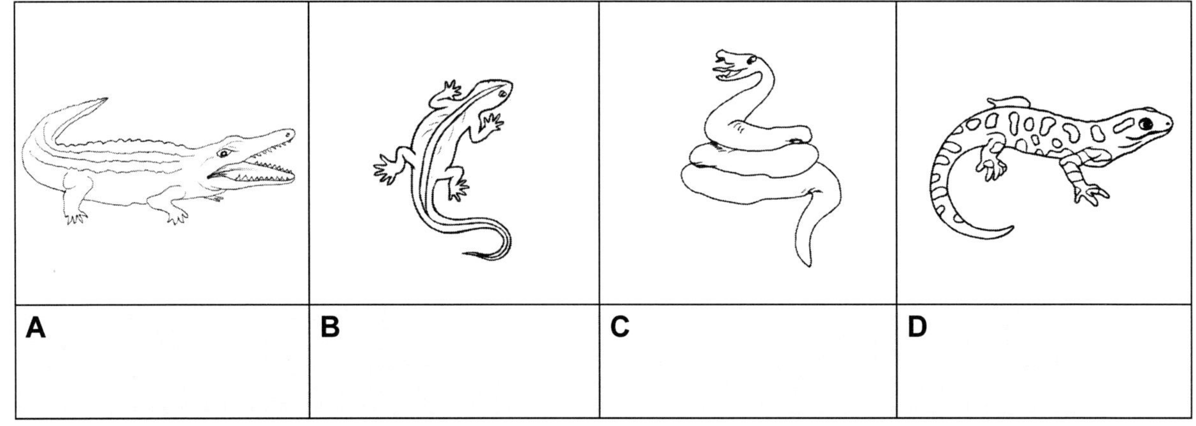

A	B	C	D

Lernwerkstatt FROSCH & KRÖTE „Wir werden kleine Amphibienforscher – Bestell-Nr. 11 516
KOHL VERLAG

I. Amphibien (Lurche) – Einteilung und Definition

Welche Tiere legen Eier?

EA

Aufgabe 9: *Verbinde die Tiere, die zusammengehören. Frösche und Kröten legen Eier. Male dann die Tiere an, die auch Eier legen.*

Lernwerkstatt FROSCH & KRÖTE
„Wir werden kleine Amphibienforscher – Bestell-Nr. 11 516
KOHL VERLAG

I. Amphibien (Lurche) – Einteilung und Definition

Skelett und Organe von Frosch und Kröte

EA

Aufgabe 10: *Beschrifte passend.*

- Hände mit 4 Fingern
- Kopf
- Oberschenkel
- Wirbel ohne Rippen
- Schultern
- Füße mit 5 Zehen
- Augen
- Unterschenkel
- Becken

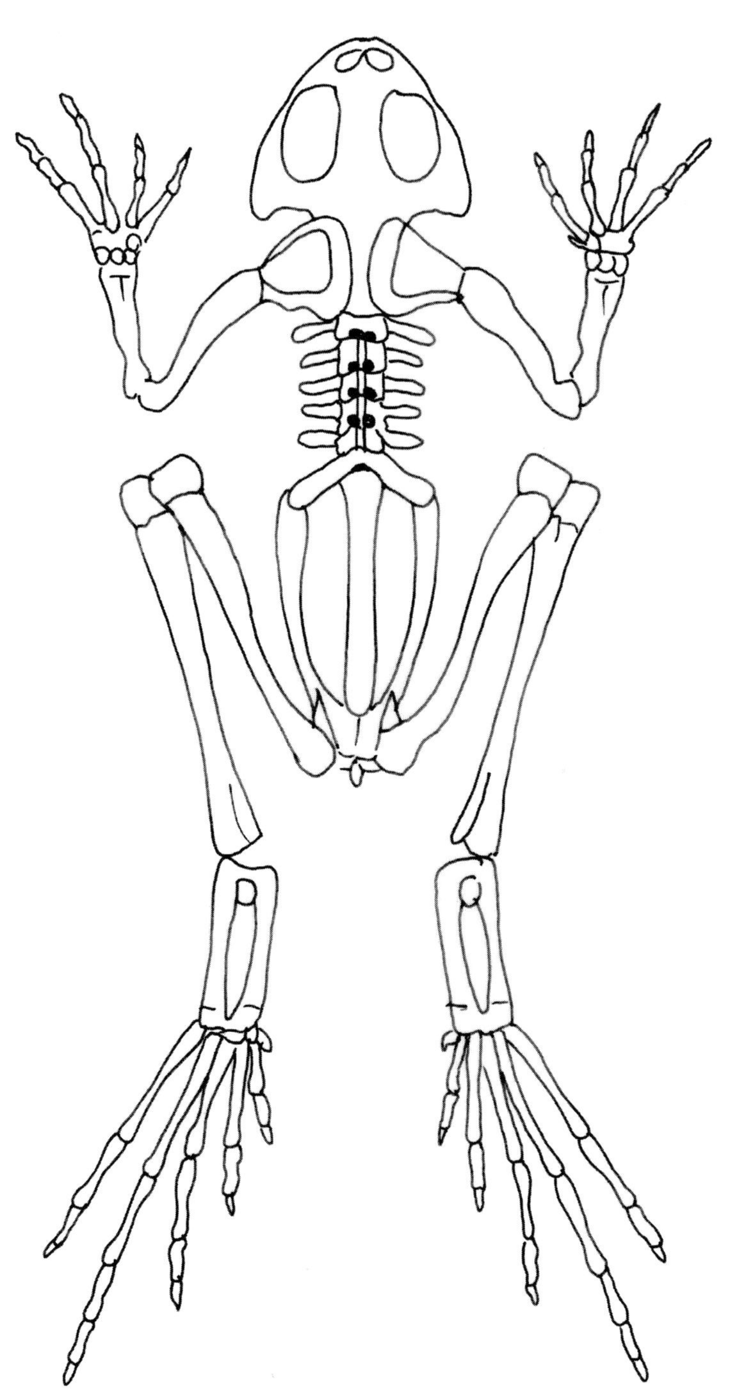

Lernwerkstatt FROSCH & KRÖTE
„Wir werden kleine Amphibienforscher – Bestell-Nr. 11 516
KOHL VERLAG

I. Amphibien (Lurche) – Einteilung und Definition

Skelett und Organe von Frosch und Kröte

Aufgabe 11: Und so sieht es in Frosch oder Kröte aus:

- *Male die Sinnesorgane **grün** an (Augen, Ohren, Zunge, Nase).*
- *Die Verdauungsorgane malst du **blau** (Leber, Magen, Darm, Kloake).*
- *Die Organe, die zu Atmung und Kreislauf gehören (Herz, Lungen), malst du **rot** an.*
- *Die Blase malst du **gelb** an, das Gehirn **lila**.*

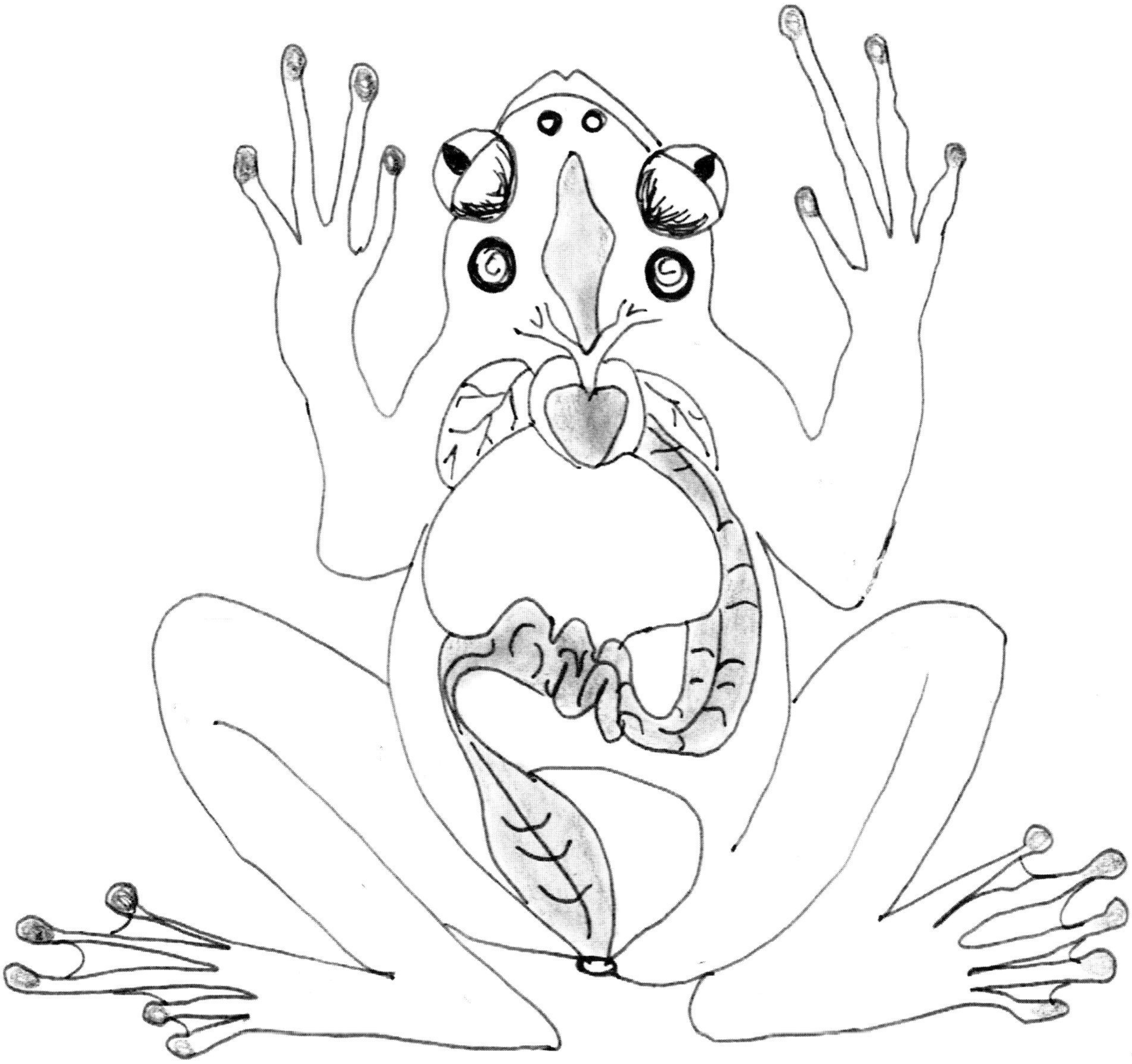

KOHL VERLAG
Lernwerkstatt FROSCH & KRÖTE „Wir werden kleine Amphibienforscher" – Bestell-Nr. 11 516

I. Amphibien (Lurche) – Einteilung und Definition

Wie wird das Ei zu Frosch oder Kröte?

Bis aus dem Ei ein Frosch oder eine Kröte wird, muss sich das kleine Tier mehrmals umwandeln. Es verändert im Laufe von etwa drei Monaten seine Form und seine Anpassung an die Lebensbedingungen sehr. Man nennt diese Umwandlungen „Metamorphose".

© wikipedia: Steffen Temp

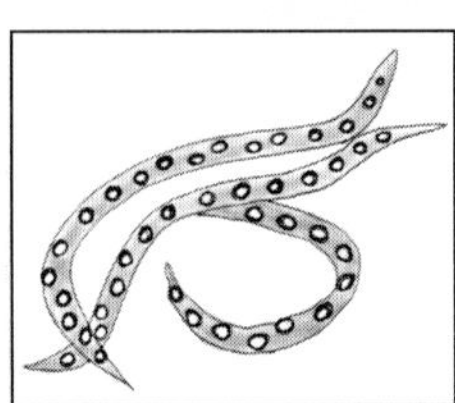

Bald nach der Paarung legt das Weibchen in einem Bach, Tümpel oder Teich viele tausend Eier ab. Die Eier sehen aus wie kleine Klumpen oder hängen an dünnen Schnüren. Sie sind von einer klebrigen Gallertschicht umgeben, die sie schützt. Gleichzeitig heften sich die Laichballen oder Laichschnüre damit an Wasserpflanzen fest. Nach ein bis drei Wochen schlüpfen aus den Eiern kleine Larven, die sich erst von der Gallertschicht ernähren und sich fest an die Wasserpflanze docken.

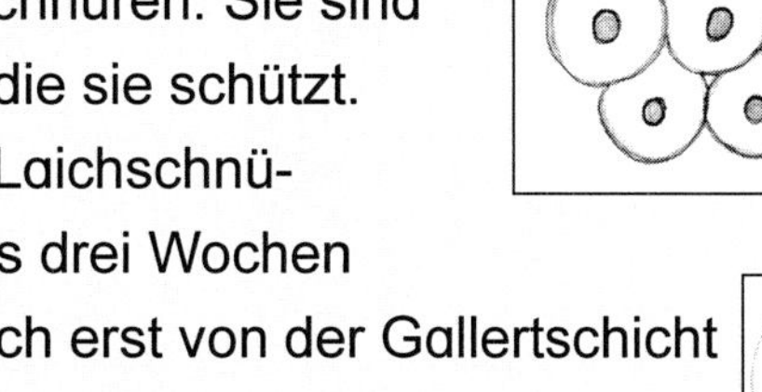

Ein paar Tage später haben sich die Larven zu kleinen Kaulquappen

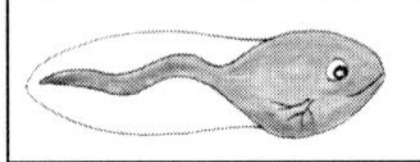

entwickelt. Sie haben bereits Augen, Kiemen und einen Ruderschwanz.

Damit können sie sich jetzt im Wasser frei bewegen. Auf ihrem Speiseplan stehen Algen und Wasserpflanzen. Sie atmen wie Fische durch Kiemen.

Einige Wochen später hat die Kaulquappe kleine Hinterbeine entwickelt. Der Schwanz und die Kiemen werden im Laufe der Zeit immer kleiner. Nach weiteren zwei Wochen sind die Vorderbeine gewachsen.

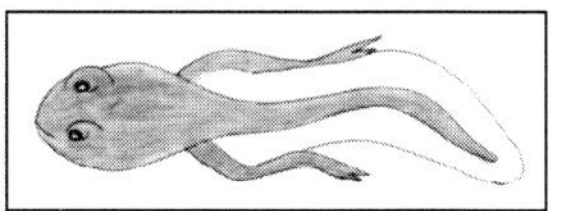

Statt durch Kiemen im Wasser zu atmen, stellt sich das Tier auf die Lungenatmung um. Die Lunge ist sehr einfach gebaut. Zusätzlich atmet der Frosch auch über die Haut. Nun kann das Leben an Land beginnen. Nach und nach verschwindet auch der Schwanz des Frosches. Je nach Frosch- oder Krötenart sind die Tiere erst nach 1-3 Jahren geschlechtsreif. Dann beginnt der Kreislauf von vorne.

Lernwerkstatt FROSCH & KRÖTE
„Wir werden kleine Amphibienforscher" – Bestell-Nr. 11 516
KOHL VERLAG

I. Amphibien (Lurche) – Einteilung und Definition

Wie wird das Ei zu Frosch oder Kröte?

EA

Aufgabe 12: *Erzähle mit deinen Worten, wie aus dem Ei ein Frosch oder eine Kröte wird.*

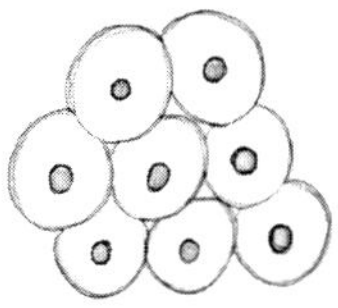

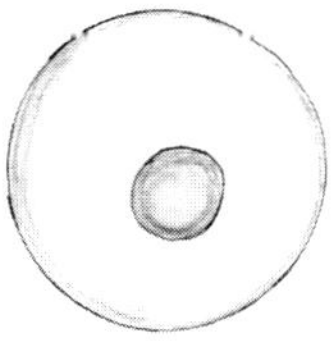

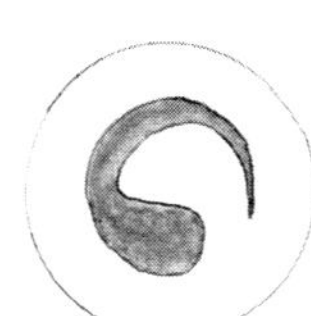

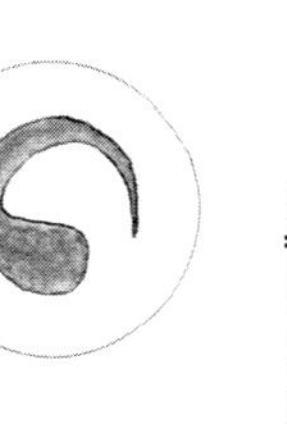

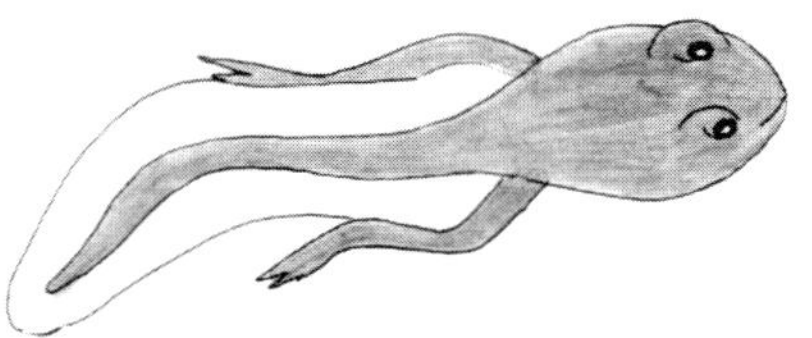

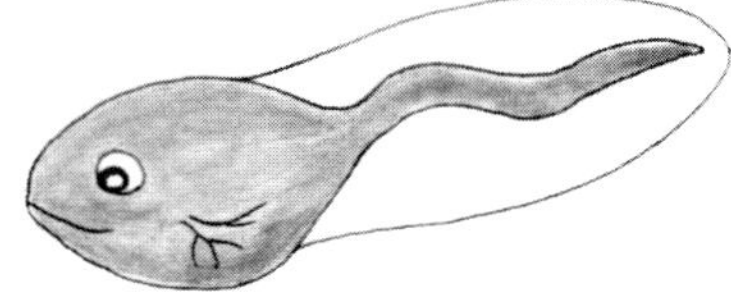

KOHL VERLAG
Lernwerkstatt FROSCH & KRÖTE
„Wir werden kleine Amphibienforscher" – Bestell-Nr. 11 516

I. Amphibien (Lurche) – Einteilung und Definition

Kaulquappen – Lückentext

EA

Aufgabe 13: *Setze die Wörter richtig ein.*

Vorderbeine – Frosch – Lunge – Augen – Kiemen – Eiern – Larve, Schwanz – Kaulquappen – Hinterbeine – Wasser

Im Frühling legt das Weibchen den Laich im ___________ ab. Der Laich besteht aus ungefähr 2500 _______. Die Eier kleben ganz eng beisammen. Sie sind durch eine schleimige Masse geschützt. Nach etwa 2 Wochen schlüpft aus jedem Ei eine ________. Die winzigen Larven sind noch blind und saugen sich an Wasserpflanzen fest. Bald bekommt die Larve eine Mundöffnung, _________ und einen Schwanz.

Die Kaulquappe entsteht. Ihr Körper ist oval und am Kopf hat sie Kiemen, die wie Federn aussehen. Mit den __________ kann sie unter Wasser atmen. Als erstes fressen die ___________________ die schleimige Gallerte, aus der sie geschlüpft sind. Später fressen sie Algen, Pflanzen und manchmal auch kleine Tierchen.

Nach einiger Zeit wachsen die ________________.

Der Schwanz und die Kiemen werden kleiner. Die ________________ bekommen sie erst später. Wenn die Beine ausgewachsen sind, verschwinden der ____________ und die Kiemen.

Aus der Kaulquappe ist nun ein winziger __________ oder eine kleine Kröte geworden. Schnell muss das kleine Tier an Land, denn es hat jetzt eine _________ und kann nicht mehr unter Wasser atmen.

Lernwerkstatt FROSCH & KRÖTE „Wir werden kleine Amphibienforscher" – Bestell-Nr. 11 516

I. Amphibien (Lurche) – Einteilung und Definition

Kaulquappen

EA

Aufgabe 14: *Ordne Bilder und Texte richtig zu.*

Die Bilder zeigen, wie ein Frosch oder eine Kröte entstehen.

- *Schneide die Bilder aus.*
- *Lege sie in die richtige Reihenfolge.*
- *Schreibe die Zahlen von 1 – 5 in die Kästchen.*
- *Schneide auch die Texte aus und ordne sie den Bildern zu.*
- *Nun kannst du Text und Bilder passend auf ein Blatt kleben.*

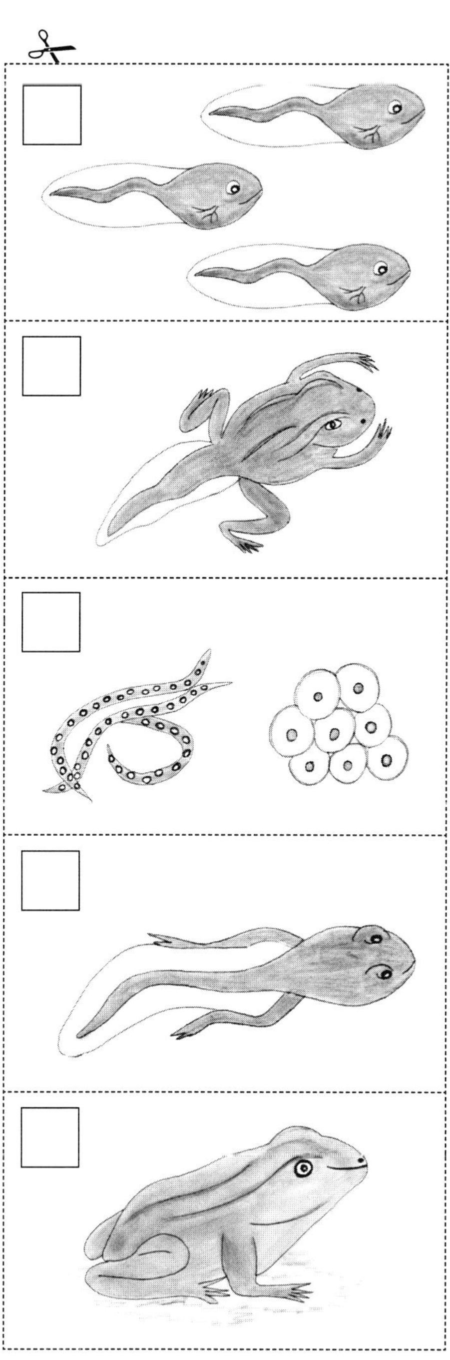

Nach 2 – 3 Wochen schlüpfen die Kaulquappen. Sie haben Kiemen. Damit atmen sie unter Wasser wie ein Fisch.

Zwei Wochen später ist die Kaulquappe zu einem Frosch oder einer Kröte geworden.
Sie hüpfen aus dem Teich und können an Land leben.

Nach einigen Wochen verschwinden die Kiemen. Die Kaulquappen bekommen eine Lunge. Die Hinterbeine wachsen.

Zwei Wochen später hat die Kaulquappe auch Vorderbeine. Der Schwanz bildet sich zurück und verschwindet schließlich.

Das Weibchen legt im Frühjahr in einem See oder Teich seine Eier ab. Der Laich besteht aus vielen hundert Eiern.

Lernwerkstatt FROSCH & KRÖTE
„Wir werden kleine Amphibienforscher – Bestell-Nr. 11 516

I. Amphibien (Lurche) – Einteilung und Definition

Vergleich von Kaulquappe mit Frosch und Kröte

EA

Aufgabe 15: *Vergleiche und beschreibe die Unterschiede in Stichworten.*

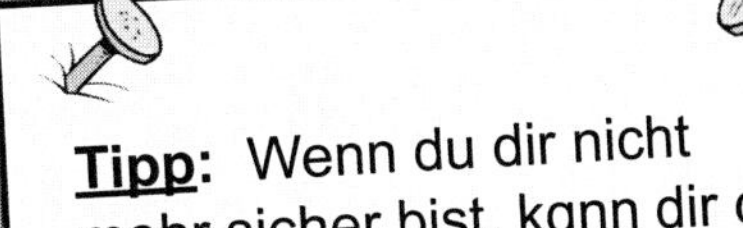

Tipp: Wenn du dir nicht mehr sicher bist, kann dir der Infotext auf Seite 16 helfen.

Lebensraum	______________________ ______________________ ______________________	______________________ ______________________ ______________________
Fortbewegung	______________________ ______________________ ______________________	______________________ ______________________ ______________________
Atmung	______________________ ______________________ ______________________	______________________ ______________________ ______________________
Nahrung	______________________ ______________________ ______________________	______________________ ______________________ ______________________

Lernwerkstatt FROSCH & KRÖTE „Wir werden kleine Amphibienforscher" – Bestell-Nr. 11 516
KOHL VERLAG

II. Der Grasfrosch

So sieht er aus:

Der Grasfrosch wird bis zu 10 cm lang. Er ist grün bis braun gefärbt. An der Schläfe hat er ein dunkles Dreieck und auf dem Rücken dunkle Flecken. So ist er gut getarnt. Der Bauch ist hell.
Der Grasfrosch kann gut schwimmen und tauchen. Er hat kräftige Hinterbeine und kann bis zu einem Meter weit springen.

So lebt er:

Tagsüber sitzt der Grasfrosch meist in seinem Versteck in feuchten Wiesen, in Laubwäldern, Gärten und an Teichen. Etwa Anfang November suchen die Frösche ihre Winterquartiere auf: frostsichere Erdlöcher oder den Schlamm von Gewässern. Am ganz frühen Morgen, am späten Abend und in der Nacht startet er zum Beutezug und sucht sich seine Nahrung.

Das frisst er:

Er frisst Schnecken, Würmer, Spinnen und Insekten. Er kann sehr gut riechen. So findet er seine Beute.

EA

Aufgabe 1: *Male auf und schreibe darunter, was der Grasfrosch frisst.*

______	______	______	______

KOHL VERLAG
Lernwerkstatt FROSCH & KRÖTE
„Wir werden kleine Amphibienforscher" – Bestell-Nr. 11 516

II. Der Grasfrosch

Paarung und Fortpflanzung des Grasfrosches

Zur Zeit der Paarung quakt das Männchen laut. Dabei braucht es seine Schallblasen. In ein bis drei Nächten legen die Grasfrösche ihre Eier im Wasser ab. Jeder Ei-klumpen (Laichballen) besteht aus bis zu viertausend Eiern. Der Laichballen quillt im Wasser auf. Dann steigt er zur Oberfläche. Zwischen Pflanzen und Schilf findet er Halt.

Nach 3 – 4 Wochen schlüpfen die kleinen Kaulquappen aus den Eiern.

Die Feinde des Grasfroschs

Der Grasfrosch hat viele Feinde: Ringelnatter, Fuchs, Igel, Marder, Reiher, Storch und Eule fressen ihn sehr gerne! Ganz junge, kleine Frösche werden sogar von Singvögeln wie dem Rotkehlchen und der Amsel verzehrt!

EA

Aufgabe 2: *Fülle den Steckbrief richtig aus. Male den Grasfrosch farbig an.*

Name: ____________________

Aussehen: ____________________

____

____

Größe: ____________________

Wo lebt er? ____________________

____

Nahrung: ____

____

Feinde: ____

____

KOHL VERLAG
Lernwerkstatt FROSCH & KRÖTE
„Wir werden kleine Amphibienforscher – Bestell-Nr. 11 516

III. Der Teichfrosch

So sieht er aus:

Der Teichfrosch wird bis 9 cm groß, die Weibchen werden bis zu 12 cm. Teichfrösche haben einen grünen Rücken mit einer hellen Linie in der Mitte. An jeder Seite ihres Mauls haben die Männchen eine Schallblase.

So lebt er:

Der Teichfrosch lebt an Teichen, Seen, kleinen Tümpeln, Weihern, Sümpfen und an den Ufern von langsam fließenden Bächen und Flüssen.
Er sitzt gerne in der Sonne. Nur wenn es ganz heiß wird, zieht er sich in den Schatten zurück. Wenn er Angst hat, macht er einen großen Sprung ins Wasser oder er versteckt sich im Schlamm. Meist ist er am Tag und in der Dämmerung unterwegs auf der Suche nach Nahrung. Man nennt das „tagaktiv“ und „dämmerungsaktiv“. Den Winter verbringt er im Schlamm. Oder er sucht sich am Land Erdlöcher. Manchmal verkriecht er sich bei Kälte auch unter dicken Laubschichten.

EA

Aufgabe 1: *An welchen sieben Gewässern lebt der Teichfrosch? Lies den Text oben genau und finde die Gewässer im Wortgitter.*

A	H	E	M	E	C	U	M	P	F
D	E	R	I	S	U	M	P	F	E
T	Ü	M	P	E	L	F	A	L	D
S	T	R	O	E	L	L	I	U	A
E	R	T	W	A	L	D	E	S	H
I	C	K	E	K	R	I	D	S	O
N	H	U	I	A	L	E	T	T	O
B	A	C	H	L	A	D	E	N	R
O	K	O	E	M	T	E	I	C	H
M	U	R	R	A	N	T	E	R	B

KOHL VERLAG
Lernwerkstatt FROSCH & KRÖTE „Wir werden kleine Amphibienforscher – Bestell-Nr. 11 516

III. Der Teichfrosch

Das frisst der Teichfrosch:
Der Teichfrosch mag Insekten, (Mücken, Fliegen, Käfer), Schnecken, Libellenlarven, Würmer und kleine Krebse. Manchmal frisst er auch die Kaulquappen von anderen Fröschen.

Paarung und Fortpflanzung

Zur Paarung im Mai oder Juni treffen sich die Männchen in einem Gewässer. Gemeinsam veranstalten sie ein lautes Konzert. So erscheinen immer mehr Männchen, und schließlich finden sich auch die Weibchen ein.
Die Frösche paaren sich im Wasser. Das Männchen klettert auf den Rücken des Weibchens und umklammert es mit seinen Vorderbeinen. Das Weibchen legt die Laichballen im Wasser ab und klebt sie an Wasserpflanzen fest. Jeder Ballen enthält bis zu 1000 Eiern. Nach etwa 7 Tagen schlüpfen die kleinen Kaulquappen.

Die Feinde des Teichfroschs
Der Teichfrosch hat viele natürliche Feinde. So muss er immer aufmerksam sein. Seine grüne Farbe mit den dunklen Flecken ist seine „Tarnung“. Das heißt, man kann ihn zwischen Blättern und Pflanzen schlecht erkennen. Wenn Gefahr droht, rettet er sich oft mit einem schnellen Sprung ins Wasser. In größeren Gewässern jagen Schlangen (Ringelnatter) und Raubfische (Hecht) den Frosch. Gefahr droht ihm aber auch aus der Luft: bei Reihern, Störchen und Greifvögeln steht der Frosch auf dem Speiseplan.

Lernwerkstatt FROSCH & KRÖTE – Bestell-Nr. 11 516
„Wir werden kleine Amphibienforscher“

IV. Der Laubfrosch

So sieht er aus:

Der Laubfrosch hat einen grünen Rücken. Sein Bauch ist hell gefärbt. Ein schmaler, schwarzer Streifen trennt die Oberseite vom Bauch. Der Laubfrosch ist bei uns der kleinste Frosch. Er wird nur 4 – 5 cm groß. Das Männchen hat unter der Kehle eine große Schallblase.
Finger- und Zehenspitzen sehen aus wie kleine Scheiben. Wenn der Frosch sich anstrengt, scheiden diese Scheiben einen „Klebesaft" aus. So kann der Laubfrosch auch an glatten Flächen hoch klettern.

So lebt er:
Meist wohnt der Laubfrosch auf Bäumen und in Sträuchern, Büschen und Hecken. Dort ist er gut versteckt. Am Tag dösen die Frösche auf Blättern und Ästen. Nachts gehen sie auf die Jagd. Ein Gewässer sollte aber immer in der Nähe sein!
Im Winter verkriechen sich die Laubfrösche unter Moss, Wurzeln und Steinen. Oder sie verziehen sich in Erdspalten oder Mauselöcher. Das Versteck sollte frostfrei sein. Der Laubfrosch fällt in eine Winterstarre.

Das frisst er:

Wie seine Frosch-Kollegen mag auch der Laubfrosch Insekten (Käfer, Fliegen, Mücken), Spinnen und kleine Schnecken. Seine Beute muss lebendig sein. Er fängt sie mit seiner langen Zunge.

EA

Aufgabe 1: *Zeichne die Tiere auf ein großes Blatt und schreibe die Namen dazu.*

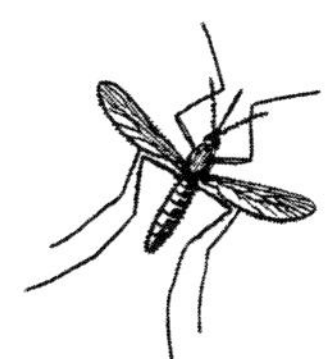

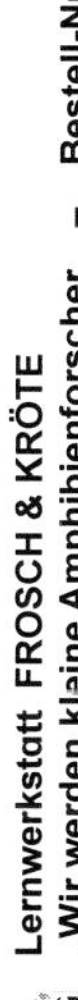
Lernwerkstatt FROSCH & KRÖTE
„Wir werden kleine Amphibienforscher – Bestell-Nr. 11 516
KOHL VERLAG

IV. Der Laubfrosch

Paarung und Fortpflanzung

Die Männchen treffen sich zur Laichzeit von April bis Anfang Juli an Seen, Bächen, Teichen und Flüssen. Mit einem lauten Quak-Konzert locken sie die Weibchen an. Die erscheinen nur für eine Nacht am Laichgewässer. Das Weibchen legt etwa 500 bis 1000 Eier an Wasserpflanzen ab. Das Männchen besamt sie sofort. Schon nach 4 – 8 Tagen schlüpfen die kleinen Kaulquappen.

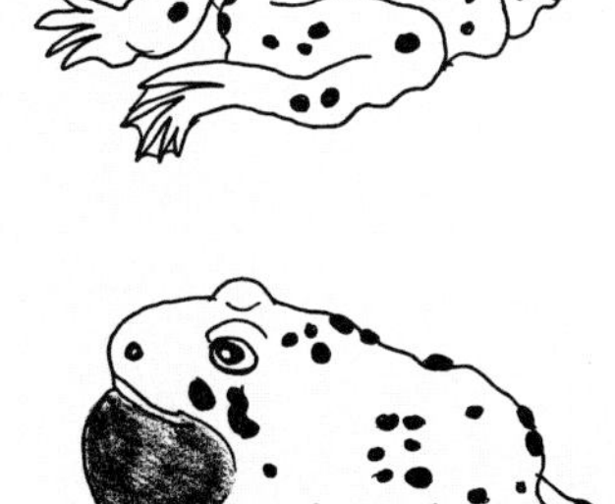

Wir sind zwar bei uns die kleinsten Frösche, aber die lautesten. Keiner kann lauter quaken als wir!

Die Feinde des Laubfroschs

Die Kaulquappen des Laubfroschs werden von Fischen, Ringelnattern und auch von Enten gefressen. Viele Vögel (Störche, Reiher, Rabenvögel) haben die Kaulquappen und den Laubfrosch auf ihrer Speisekarte stehen.

Der Laubfrosch als Wettervorhersager

Vor gut hundert Jahren wurde der Laubfrosch oft in kleinen Gläsern als Wetterfrosch gehalten. Saß er oben auf der Leiter, sollte es gutes Wetter geben. Doch egal, wo der Frosch saß, es hatte nichts mit dem Wetter zu tun.

Laubfrösche klettern an schönen und sonnigen Tagen an den Zweigen und Ästen hoch. Bei Regen findet man sie eher nahe am Boden. Der Grund dafür ist einfach: der Hunger auf Insekten. Bei schönem Wetter fliegen Insekten höher und bei schlechtem Wetter tiefer. Der Laubfrosch hält sich dort auf, wo er am ehestens seine Nahrung findet.

Zum Glück gibt es mittlerweile Wetterstationen, die dem armen Laubfrosch ein Leben im Glas ersparen!

Lernwerkstatt FROSCH & KRÖTE
„Wir werden kleine Amphibienforscher" – Bestell-Nr. 11 516

V. Die Erdkröte

So sieht sie aus:

Erdkröten sind kräftig und plump. Die Weibchen werden etwa 12 cm lang, die Männchen schaffen es auf 8 cm Länge.
Erdkröten sind braun oder grau gefärbt.
Der Rücken und der Bauch haben dunkle Tupfen. Sie haben viele Warzen.

So lebt sie:

Die Erdkröte stellt keine großen Anforderungen. So kann sie fast überall leben. Man findet sie an Ufern von Teichen und Flüssen, in Laubwäldern, Hecken und Büschen, in Parks, in Obstwiesen und Gärten. Auch die Erdkröten sind meistens nachts unterwegs.
Den Winter verbringen Erdkröten frostgeschützt unter Baumstümpfen, Brettern, Steinen, im Laub oder in Erdlöchern. Bereits gegen Ende Februar verlassen die Erdkröten ihre Winterquartiere.

Das frisst die Erdkröte:

Die Erdkröte sucht ihre Nahrung meistens am Boden. Sie mag Asseln, Würmer, Insekten, Spinnen und Schnecken.

Paarung und Fortpflanzung

Die Männchen haben keine Schallblasen. Aber zur Paarungszeit im Frühjahr haben sie Hornhaut (Schwielen) an den Vorderbeinen. Damit klammern sie sich am Weibchen fest und lassen sich huckepack zum Laichgewässer tragen. Ganz schöne Faulpelze! Die Erdkröte sucht immer das Gewässer auf, wo sie selbst von der Kaulquappe zur Kröte wurde. Mehr als tausend Eier legt jedes Weibchen in meterlangen Laichschnüren ab. Diese werden an Wasserpflanzen abgestreift. Danach ziehen sich die Erdkröten wieder aufs Land zurück. Nach etwa 12-18 Tagen schlüpfen die kleinen schwarzen Larven aus den Eiern. Nach drei bis vier Monaten werden aus den Kaulquappen Jungkröten.

KOHL VERLAG
Lernwerkstatt FROSCH & KRÖTE „Wir werden kleine Amphibienforscher" – Bestell-Nr. 11 516

V. Die Erdkröte

Die Feinde der Erdkröte

Fressfeinde der Erdkröte sind Ringelnatter, Igel, Reiher, Storch und Iltis.

Die Krötenschmeißfliege

Die Kröten-Schmeißfliege schadet Kröten und Fröschen ebenfalls. Sie legt ihre Eier am Kopf von Frosch oder Kröte ab. Die schlüpfenden Fliegenmaden dringen in die Nase ein und zerfressen die Kröte von innen.

EA

Aufgabe 1: *Male die Kröte in ihren Winterquartieren.*

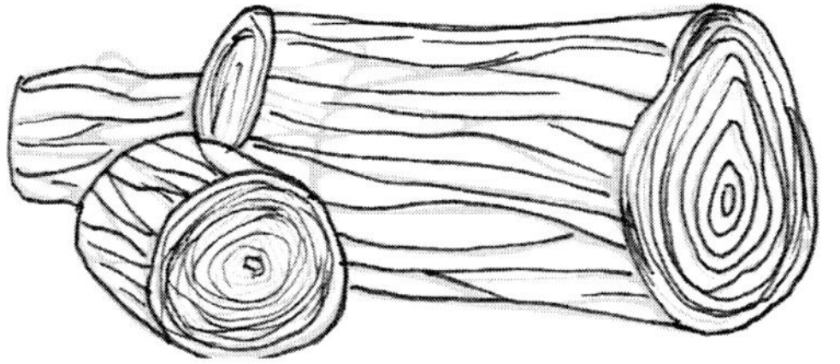

EA

Aufgabe 2: *Welche Krötenarten gibt es noch? Nenne vier weitere Arten, die in Deutschland vorkommen.*

- ______________________________
- ______________________________
- ______________________________
- ______________________________

Lernwerkstatt FROSCH & KRÖTE „Wir werden kleine Amphibienforscher – Bestell-Nr. 11 516

Das Jahr der Kröte Emma

EA

Aufgabe 2: *Was macht Emma im Frühling?*
Male und schreibe zu jeder Jahreszeit.

Frühling

Sommer

Herbst

Winter

KOHL VERLAG Lernwerkstatt FROSCH & KRÖTE „Wir werden kleine Amphibienforscher" – Bestell-Nr. 11 516

VI. Die Geburtshelferkröte

Größe: 4 – 5 cm

Aussehen: Oben grau bis graubraun, unten silbergrau. An jeder Seite eine Reihe runder Warzen. Die Männchen haben keine Schallblasen.

Lebensraum: Im Sommer lebt die Geburtshelferkröte an sonnigen Waldrändern und Wiesen. Sie ist nachtaktiv. Tagsüber versteckt sie sich unter Geröll, Steinplatten oder in Erdhöhlen, Holzstapeln oder Steinhaufen. Sie überwintert an Land im Boden.

Nahrung: Sie jagt kleine Insekten, Asseln, Würmer und Spinnen

Besonderes: Die Kröte hat einen Ruf, der an ein Glockenspiel erinnert. Daher wird sie auch „Glockenfrosch" genannt.

Fortpflanzung – Kluge Väter

Die Geburtshelferkröten paaren sich an Land. Das Männchen übernimmt die Laichschnüre des Weibchens. Mit vielen Verrenkungen wickelt es sie um seine Hinterbeine. Nun trägt das Männchen die Eier mehrere Wochen mit sich herum und schützt sie so vor Feinden. Mit den reifen Eiern wandert das Männchen ins Gewässer. Nach einigen Minuten schlüpfen die Larven. Nun streift das Männchen die leeren Schnüre ab und begibt sich wieder an Land.

EA

Aufgabe 1: **a)** *Erkläre, was tagaktiv und nachtaktiv bedeutet.*

b) *Wie kümmern sich die anderen Froschlurche um ihren Nachwuchs?*

c) *Das Weibchen legt etwa 60 Eier.*
Warum muss es wohl nicht hunderte oder tausende Eier legen?

Lernwerkstatt FROSCH & KRÖTE „Wir werden kleine Amphibienforscher" – Bestell-Nr. 11 516
KOHL VERLAG

VII. Aufgaben

Frösche – Zusammenfassung

Aufgabe 1: *Setze die richtigen Wörter ein.*

Winterstarre – Schwanz – Kaulquappe – Laich – quaken – springen Schwimmhäute – Zunge – atmen – Amphibien

Frösche sind ____________________. Das heißt,

sie können im Wasser und auf dem Land leben.

Frösche ____________ durch die Lungen und

durch die Haut.

Sie fangen die Beute mit ihrer langen,

klebrigen ______________.

Frösche können gut schwimmen. Zwischen ihren

Zehen befinden sich____________________ .

Mit ihren langen, kräftigen Hinterbeinen können

Frösche weit____________________ .

Bei den Fröschen _____________ nur die Männchen.

Die durchsichtigen Klumpen aus Froscheiern

nennt man __________________.

Aus den Froscheiern schlüpfen Larven, man nennt

sie ____________________________ .

Am Ende ihrer Entwicklung entwickelt sich bei den

Kaulquappen der ____________________ zurück.

Im Winter, wenn es sehr kalt wird, fallen Frösche

meist in eine ___________________________.

VII. Aufgaben

Das große Frosch-Kröten-Quiz

EA

Aufgabe 2: Für Frosch-Kröten Fachleute:

Kreuze die Buchstaben hinter den richtigen Antworten an.

Du erhältst ein Lösungswort: ________________________

1. Frösche und Kröten können Hunderte, ja sogar Tausende von Eiern legen, die in Ballen oder Schnüren zusammenhängen. Man nennt das

Haufen	B
Klumpen	L
Laich	A

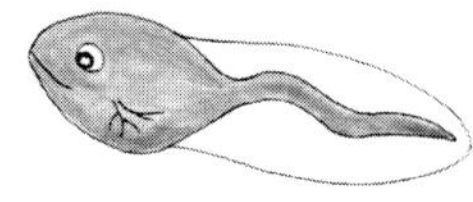

2. Frösche und Kröten schlüpfen unter Wasser

aus einem Beutel am Bauch der Mutter	K
kommen lebend zur Welt	E
aus einem Ei	M

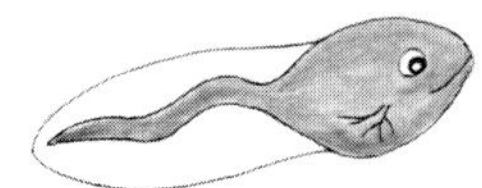

3. Einige Tiere verändern ihr Aussehen, während sie heranwachsen. Diese Veränderung nennt man Metamorphose. Frösche und Kröten schlüpfen als

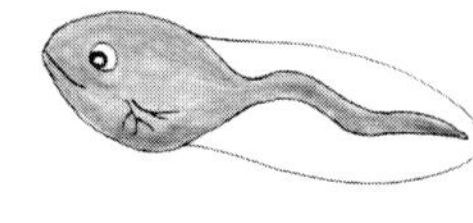

Wurm	U
Kaulquappe	P
Fisch	H

4. Die Kaulquappe lebt zuerst

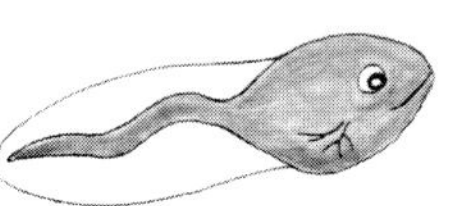

an Land	R
im Wasser	H
an Land und im Wasser	O

Lernwerkstatt FROSCH & KRÖTE „Wir werden kleine Amphibienforscher" – Bestell-Nr. 11 516

VII. Aufgaben

Das große Frosch-Kröten-Quiz

5. Bei den Kaulquappen wachsen zuerst

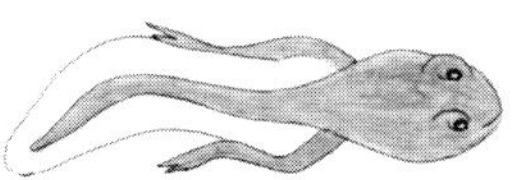

die Vorderbeine, dann die Hinterbeine	M
gar keine Beine	A
die Hinterbeine, dann die Vorderbeine	I

6. Am Ende der Metamorphose verliert die Kaulquappe

die Vorderbeine	F
die Hinterbeine	E
den Schwanz	B

7. Die Kaulquappe ist nun zu Frosch oder Kröte herangewachsen.
Sie begibt sich an Land,

weil sie Luft zum Atmen braucht	I
weil ihr im Wasser langweilig ist	D
weil sie anderes Futter sucht	E

8. Was machen Frösche und Kröten im Winter?

Sie halten eine Winterschlaf	N
Sie wohnen bei Freunden in einer Höhle	S
Sie kühlen ab und fallen in die Winterstarre.	E

9. Wenn Frosch oder Kröte an Land leben

atmen sie mit ihrer Lunge	N
atmen sie durch ihre Kiemen	G
atmen sie gar nicht mehr	E

KOHL VERLAG
Lernwerkstatt FROSCH & KRÖTE
„Wir werden kleine Amphibienforscher" – Bestell-Nr. 11 516

VII. Aufgaben

Die Frösche – Johann Wolfgang von Goethe

Ein großer Teich war zugefroren;
Die Fröschlein,
in der Tiefe verloren,
Durften nicht ferner quaken
noch springen,
Versprachen sich aber,
im halben Traum:

Fänden sie nur da oben Raum,
Wie Nachtigallen wollten sie singen.
Der Tauwind kam, das Eis zerschmolz,
Nun ruderten sie
und landeten stolz.
Und saßen am Ufer weit und breit
Und quakten wie vor alter Zeit.

Johann Wolfgang Goethe 1749 – 1832

EA

Aufgabe 3: **a)** *Schreibe ein Gespräch zwischen den Fröschen im zugefrorenen Teich in dein Heft. Was erzählen und versprechen sie?*

b) *Was machen die Frösche, als der Frühling gekommen ist?*

EA

Aufgabe 4: *Lies das folgende Gedicht und finde heraus, welches Tier in der Geschichte von Josef Guggenmos gelogen hat ... .*

____

____

Heute hatte Arbeit, fast zu viel,
Tierzahnarzt Max Halifax.
Tiger, Zebra, Krokodil,
Bär, Hirsch, Frosch,
Kalb, Fuchs und Dachs,
Nilpferd, Pony, Has und Reh
kamen an:
„Ein Zahn tut weh!“,
so riefen sie
und klagten sehr.
Einer hat gelogen.
Wer?

(J. Guggenmos)

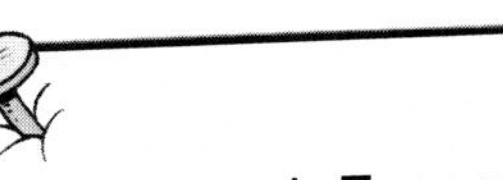

Ein Frosch-Zungenbrecher:
Wenn viele flinke Frösche viele fliegende Fliegen fangen, fangen viele flinke Frösche viele fliegende Fliegen.

Lernwerkstatt FROSCH & KRÖTE
„Wir werden kleine Amphibienforscher“ – Bestell-Nr. 11 516

VII. Aufgaben

Frosch- und Krötengeschichte

Der Frosch wartet am Teich
und denkt --- gleich --- gleich
da kommt eine Fliege
die ich dann auch kriege!
Doch keine Fliege erscheint
und der Frosch weint.

Die Kröte sitzt unterm dichten Busch
die Fliegen verschwinden – husch – husch – husch
Die Kröte ist sauer
sie watschelt zur Mauer
und entdeckt auch dort
die Fliegen sind fort!

PA

Aufgabe 5: *Findet Reimwörter.*

Sonne ______________________________

Baum ______________________________

Schnecke ______________________________

PA

Aufgabe 6: *Schreibt nun dein Frosch- oder Krötengedicht und male ein Bild dazu in dein Heft.*

Lernwerkstatt FROSCH & KRÖTE
„Wir werden kleine Amphibienforscher – Bestell-Nr. 11 516

VII. Aufgaben

Frosch- und Krötenwörter – Wortarten

EA

Aufgabe 7: Namenwort (Nomen), Zeitwort (Verb) oder Wiewort (Adjektiv)?

Ordne die folgenden Wörter richtig in die Tabelle ein. Bilde dann Sätze mit den Wörtern.

Beispiel: Die Haut der Kröte ist warzig…

Kröte – klettern – Kiemen – weit – flink – Frosch – Kaulquappe – wachsen – schleimig – Schwimmhäute – starr – haben – quaken – Sprung – trocken – Schallblase – schnell – leben – schwimmen – warzig – tauchen – jagen – laut – Laich – Jagd – feucht – springen – Haut – fangen – braun

Namenwort	Zeitwort	Wiewort

Deine Sätze:

1. ____________________

2. ____________________

3. ____________________

4. ____________________

5. ____________________

Lernwerkstatt FROSCH & KRÖTE „Wir werden kleine Amphibienforscher" – Bestell-Nr. 11 516
KOHL VERLAG

VII. Aufgaben

Wortbaustellen

PA

Aufgabe 8: *Finde zu den Anfangsbuchstaben der folgenden Wörter weitere Begriffe, die zu Fröschen, Kröten oder anderen Tieren passen.*

Lungen

L urch
U nke
N aturschutz
G rasfrosch
E rdkröte
N ase

Kiemen

K ____________
I ____________
E ____________
M ____________
E ____________
N ____________

Erdkröte

E ____________
R ____________
D ____________
K ____________
R ____________
Ö ____________
T ____________
E ____________

Grasfrosch

G ____________
R ____________
A ____________
S ____________
F ____________
R ____________
O ____________
Sch ____________

Laubfrosch

L ____________
A ____________
U ____________
B ____________
F ____________
R ____________
O ____________
Sch ____________

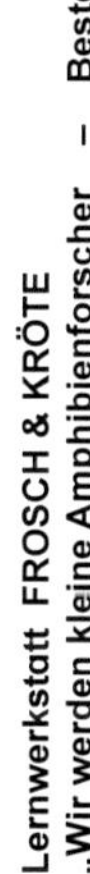

VII. Aufgaben

Froschlogical – Kennst du die Frösche?

Aufgabe 9: *Welcher Frosch ist der Grasfrosch, der Laubfrosch oder der Teichfrosch?*
Lies die folgenden Sätze. Beschrifte die Frösche dann richtig.
Male sie farbig an.

1. Der Frosch in der Mitte ist nicht der Grasfrosch.

2. Der Frosch links ist kein Teichfrosch.

3. Der Frosch, der nicht links sitzt, hat ein dunkles Dreieck hinter dem Auge.

4. Der Frosch links kann gut klettern.

5. Der Frosch in der Mitte hat auf dem Rücken eine helle Linie.

__________________ __________________ __________________

Aufgabe 10: So groß sind die Frösche:

Zeichne an den Linien bunt ein, wie groß die Frösche werden.

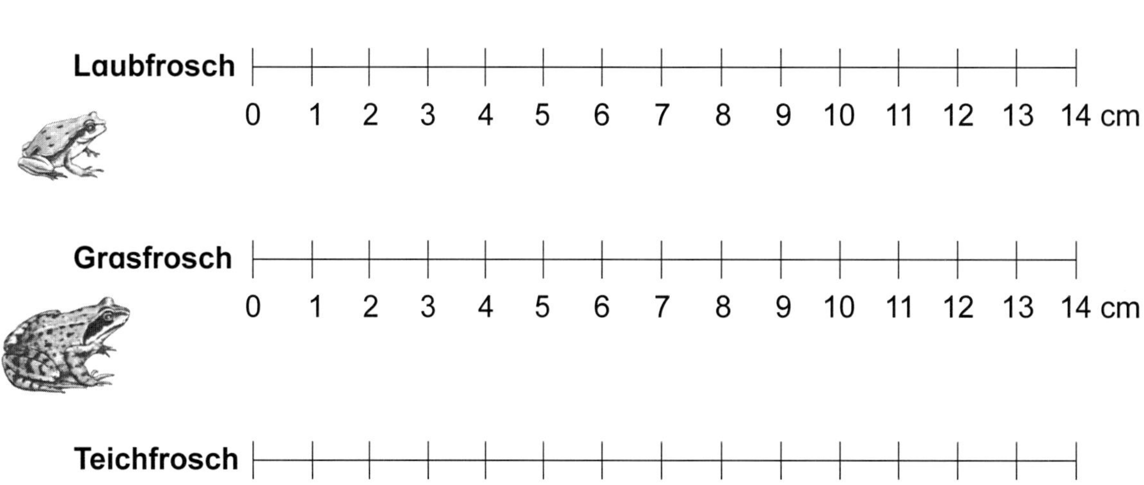

Lernwerkstatt FROSCH & KRÖTE „Wir werden kleine Amphibienforscher" – Bestell-Nr. 11 516

Naturschutz und Krötenzäune

Die Rote Liste ist ein Verzeichnis aller Pflanzen und Tiere, die vom Aussterben bedroht sind. Warum stehen Frösche auf der „Roten Liste"? Das Froschweibchen legt doch einige tausend Eier! Sie werden vom Männchen befruchtet. Das findet im Wasser statt. Und dieser Froschlaich ist ein Leckerbissen für viele andere Bewohner im Teich oder im See. Fische und Molche mögen den Laich sehr gerne.

Von den tausend Eiern bleiben daher nur wenige hundert übrig. Daraus entwickeln sich die Kaulquappen. Sie leben weiter im Waser. Auch von ihnen werden noch viele gefressen. Auch die Jungfrösche, die schließlich an Land ankommen, stehen noch auf vielen Speiseplänen von Vögeln und Raubtieren.
So werden von etwa 4000 Eiern nur 3 – 4 Frösche erwachsen.

Aber besonders die Menschen machen den Fröschen das Leben schwer:
Sie bauen auf Wiesen und Feldern ihre Straßen und Häuser. Feuchtgebiete werden trockengelegt. Die Tiere haben weniger Platz zum Leben. In der Landwirtschaft wird Gift eingesetzt. Vor allem aber der Straßenverkehr tötet viele Frösche und Kröten.

Krötenzäune

Krötenzäune sind meist feste Plastikfolien. Sie sind einen halben Meter hoch und werden entlang der Straße aufgebaut. Auf der Seite, wo die Amphibien auf ihrem Weg zum See ankommen, werden in bestimmten Abständen Eimer in den Boden eingegraben. Frösche und Kröten wollen nun den Zaun umgehen. Dabei fallen sie in die Eimer. Jeden Tag werden die Zäune nachgesehen. Die gefangenen Tiere in den Eimern werden über die Straße getragen und auf der anderen Seite frei gelassen. Doch das ist viel Arbeit. So überlegt man in manchen Orten, ob man einen „Krötentunnel" bauen soll.

EA

<u>Aufgabe 11</u>: Schreibe die Antworten in dein Heft.

a) *Welche Gefahren drohen Fröschen und Kröten?*
b) *Warum gibt es „Krötenzäune"?*
c) *Welche Arbeit muss an den Zäunen täglich gemacht werden?*

Lernwerkstatt FROSCH & KRÖTE
„Wir werden kleine Amphibienforscher" – Bestell-Nr. 11 516

Frosch malen Schritt für Schritt

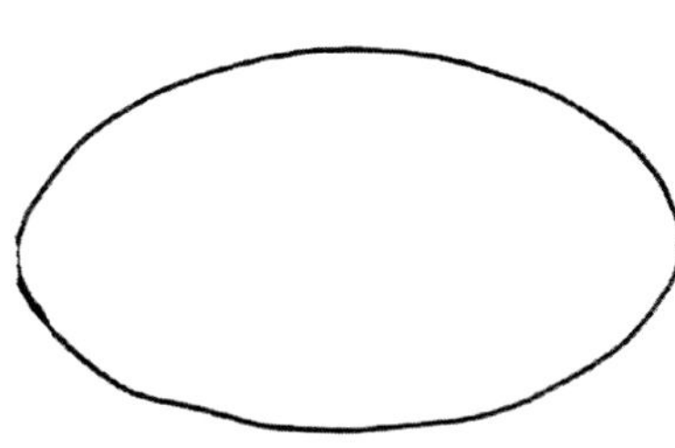

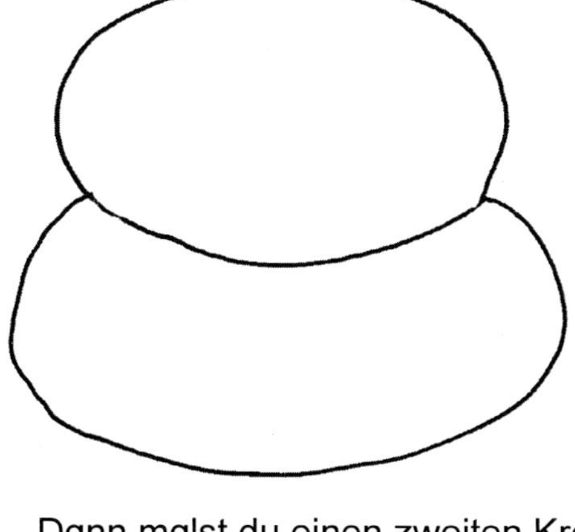

1. Erst malst du einen Kreis.
Das ist der Kopf.

2. Dann malst du einen zweiten Kreis darunter. Die Linien, die du nicht meht brauchst, radierst du aus.

3. Nun bekommt der Frosch Augen, Nase und Mund.

4. Rechts und links einen Henkel malen, das werden die langen Hinterbeine.

5. Male die Füße! Der Frosch hat fünf Zehen an den Hinterbeinen.

6. Nun bekommt er noch die Vorderbeine (Arme) und ist fertig.

VII. Aufgaben

Frosch-Kröten-Mandala

Lernwerkstatt FROSCH & KRÖTE
„Wir werden kleine Amphibienforscher – Bestell-Nr. 11 516

KOHL VERLAG

Frosch basteln aus einer CD

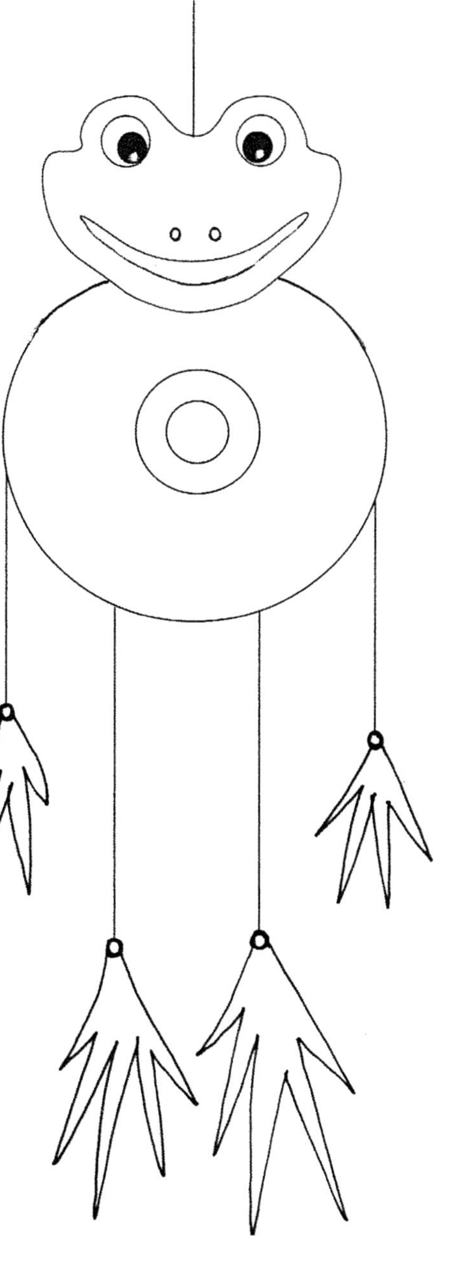

Du brauchst:

- 1 alte CD
- grünes Tonpapier
- Acrylfarbe in grün oder braun
- schwarzen Filzstift
- ca. 1 m grünes Band oder Kordel
- 4 grüne Holzperlen
- Kleber, Schere, Bleistift

So geht es:

- Bemale die CD mit grüner Acrylfarbe. Wenn die Farbe nicht deckt, musst du sie nach dem Trocknen vielleicht noch einmal anmalen.
- Schneide aus dem Tonpapier Kopf, Hände und Füße aus (siehe Schablonen unten).
- Stich ein kleines Loch oben in Hände und Füße.
- Verknote das Band und stecke die Holzperlen auf.
- Klebe die Bänder hinten an der CD fest.
- Male nun das Gesicht auf deine Schablone.
- Klebe den Kopf vorne auf die CD.
- Wenn du oben am Kopf noch ein Band durchziehst, kannst du deinen Frosch aufhängen.

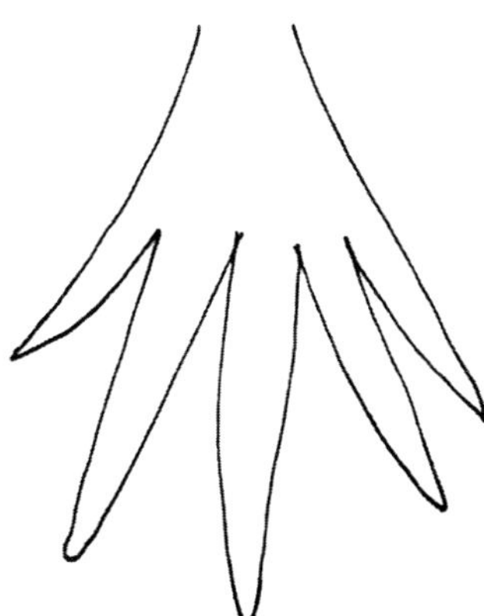

Lernwerkstatt FROSCH & KRÖTE „Wir werden kleine Amphibienforscher – Bestell-Nr. 11 516
KOHL VERLAG

VII. Aufgaben

Frösche oder Kröten aus Papprollen

Du brauchst:

- grünes oder braunes Tonpapier
- Farbkasten
- Papprolle
- schwarzen Filzstift
- Kleber, Schere, Bleistift
- die Schablonen unten

So geht es:

- Halbiere eine Klopapierrolle oder schneide etwa 5 cm von einer Küchenrolle ab.
- Male die Rolle mit grüner oder brauner Farbe an. Du kannst auch noch ein „Froschmuster“ aufmalen.
- schneide nun aus dem Tonpapier 2 Arme, 2 Beine und den Kopf nach den Vorlagen aus.
- Male ein Froschgesicht auf den Kopf.
- Die Vorderbeine werden vorne an die Rolle geklebt, die Füße ein wenig umgebogen.
- Die Hinterbeine werden schräg hinten angeklebt.
- Vorne an die Rolle klebst du nun den Kopf.
- Auf der Fensterbank in eurer Klasse trifft sich nun die ganze Frosch- und Kröten-gesellschaft! Vielleicht gestaltet ihr noch einen Untergrund oder eine Landschaft, wo sich die Tiere richtig wohl fühlen!

VIII. Die Lösungen

Kap I: Amphibien (Lurche) Einteilung und Definition

1. Wir unterscheiden Froschlurche und Schwanzlurche.

2. Schleichenlurche: Schwanz stark reduziert; keine Gliedmaßen; 180 Arten (z.B. Herpelidae, Caecilidae)
Schwanzlurche: langgestreckter Körper; Schwanz; vier gleich lange Gliedmaßen; typische Arten: Molche, Salamander
Froschlurche: Froschlurche haben nur während der Larvenphase einen Schwanz. typische Arten: Kröten, Unken

3. In Deutschland leben 21 Amphibienarten.

4. Grüner Kreis: Känguru, Elefant, Bär, Eule, Igel
Blauer Kreis: 2 Fische, 2 Seepferdchen, Krebs
Roter Kreis: Robbe, 2 Frösche, Kröte, Schildkröte

6.

	Max	**Emma**
Größe	Ist kleiner als Kröten	ist größer als Frösche
Haut	glatt und feucht	trocken, mit vielen Warzen und Beulen
Hinterbeine	lange Hinterbeine, kann weit springen	hat kürzere Hinterbeine, springt nicht
Zähne	hat kleine Zähne	hat keine Zähne
Laich	legt den Laich in Ballen oder Haufen ab	legt den Laich in Schnüren ab
Maul	hat ein spitzes Maul	hat ein breites Maul

7. **a)** kleiner, **b)** größer, **c)** glatter, **d)** trockener, **e)** weiter, **f)** kürzere, **g)** breiteres, **h)** spitzeres

8. **A** = Krokodil, **B** = Eidechse, **C** = Schlange, **D** = Salamander

9. Schweine und Delfine legen keine Eier, sondern sind Säugetiere und bringen lebende Junge zur Welt.

10.

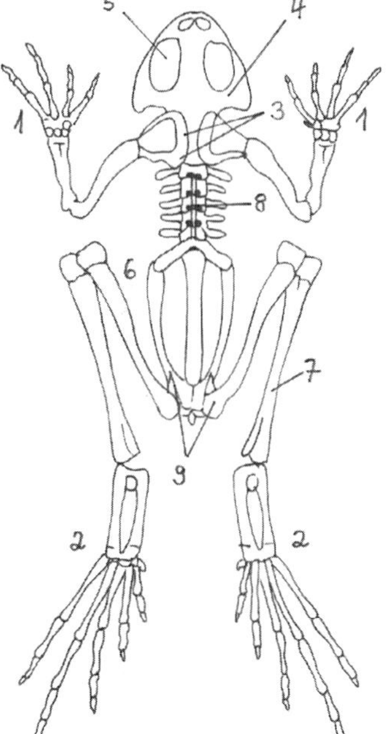

1 = Hände mit 4 Fingern
2 = Füße mit 5 Zehen
3 = Schultern
4 = Kopf
5 = Augen
6 = Oberschenkel
7 = Unterschenkel
8 = Wirbel ohne Rippen
9 = Becken

Lernwerkstatt FROSCH & KRÖTE „Wir werden kleine Amphibienforscher – Bestell-Nr. 11 516

VIII. Die Lösungen

11.

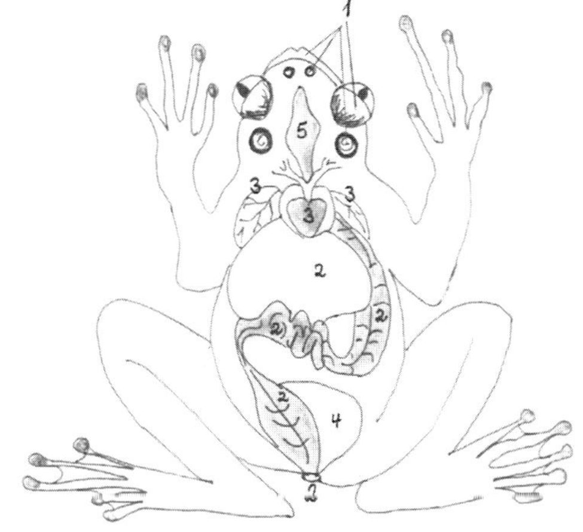

Grün: alles, was die Nummer 1 trägt

Blau: die Nr. 2

Rot: die Nr. 3

Gelb: die Nr. 4

Lila: die Nr. 5

13. Der Reihe nach: Wasser, Eiern, Larve, Augen, Kiemen, Kaulquappen, Hinterbeine, Vorderbeine, Schwanz, Frosch, Lunge

14.

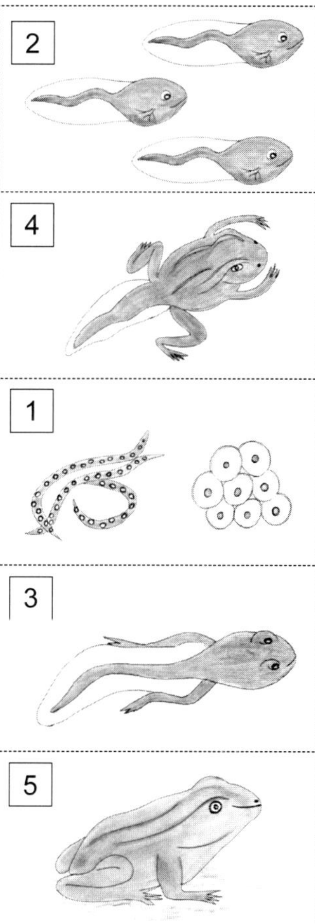

Nach 2 – 3 Wochen schlüpfen die Kaulquappen. Sie haben Kiemen. Damit atmen sie unter Wasser wie ein Fisch.

Zwei Wochen später ist die Kaulquappe zu einem Frosch oder einer Kröte geworden. Sie hüpfen aus dem Teich und können an Land leben.

Nach einigen Wochen verschwinden die Kiemen. Die Kaulquappen bekommen eine Lunge. Die Hinterbeine wachsen.

Zwei Wochen später hat die Kaulquappe auch Vorderbeine. Der Schwanz wird kleiner und fällt schließlich ab.

Das Weibchen legt im Frühjahr in einem See oder Teich seine Eier ab. Der Laich besteht aus vielen hundert Eiern.

15.

	Kaulquappe	**Frosch oder Kröte**
Lebensraum	Wasser	Land und Wasser
Fortbewegung	schwimmen	schwimmen, hüpfen, springen
Atmung	Kiemen	Lungen oder Haut
Nahrung	meist pflanzlich	Insekten, Spinnen, tierisch

VIII. Die Lösungen

Kap II: Der Grasfrosch

1. Spinnen  Würmer  Schnecken 

Insekten (Ameisen, Fliegen, Mücken)  

2. **Steckbrief Grasfrosch:**

Aussehen: grün bis braun, dunkles Dreieck an der Schläfe, dunkle Flecken am Rücken

Größe: bis 10 cm groß

Lebensraum: Feuchte Wiesen, Laubwälder, Gärten und Teiche

Nahrung: Schnecken, Würmer, Spinnen, Insekten

Feinde: Ringelnatter, Fuchs, Igel, Marder, Reiher, Storch, Eule

Kap III: Der Teichfrosch

1.

				S	U	M	P	F	
T	Ü	M	P	E	L			L	
				E				U	
			W					S	
			E					S	
			I						
B	A	C	H						
			E		T	E	I	C	H
			R						

Kap IV: Der Laubfrosch

1. Der Reihe nach: Schnecke, Mücke, Käfer, Spinne, Fliege

Kap V: Die Erdkröte

1. Individuelle Lösungen.

2. Wechselkröte, Kreuzkröte, Geburtshelferkröte, Knoblauchkröte

3. Im Frühling suchen die Erdkröten zur Paarung die Laichgewässer auf.
Im Sommer lebt Emma an Teichen, Flussufern, in Gärten oder Parks.
Im Herbst zieht Emma ins Winterquartier unter Baumstümpfen, Laub oder Steinen.
Im Winter liegt Emma in der Winterstarre in ihrem Quartier.

Kap VI: Die Geburtshelferkröte

1. **a)** Tagaktiv heißt, dass die Tiere tagsüber nach Beute jagen und nachts schlafen. Nachtaktiv heißt, dass die Tiere nachts auf der Jagd sind und tagsüber schlafen.

b) Andere Frösche und Kröten legen ihren Laich ab und kümmern sich gar nicht weiter um ihren Nachwuchs.

c) Vielleicht weil der Vater den Laich bis zum Schlüpfen bei sich trägt. Vom Laich kommt also schon mal nichts abhanden.

VIII. Die Lösungen

Kap VII: Aufgaben

1. Der Reihe nach: Amphibien, atmen, Zunge, Schwimmhäute, springen, quaken, Laich, Kaulquappe, Schwanz, Winterstarre

2. Lösungswort: AMPHIBIEN

3. **a)** Freie Antworten.
a) Freie Antworten.

4. Gelogen hat der Frosch, denn er hat gar keine Zähne.

5. Sonne, Tonne, Wonne, Baum, Raum, Traum, Schnecke, Hecke, Säcke

6. Individuelle Lösungen.

7.

Namenwort	Zeitwort	Wiewort
Kröte	klettern	weit
Kiemen	wachsen	flink
Frosch	haben	schleimig
Kaulquappe	quaken	starr
Schwimmhäute	leben	trocken
Sprung	schwimmen	schnell
Schallblase	tauchen	warzig
Laich	jagen	laut
Jagd	springen	feucht
Haut	fangen	braun

8. **Vorschläge:**
Kiemen: Kaulquappe, Igel, Eier, Maul, Eiklumpen, Nahrung
Erdkröte: Erdloch, Ringelnatter, Dämmerung, Kiemen, Raubtier, Obstwiese, Eule, Teich, Erdhaufen
Grasfrosch: grün, Reiher, Amphibie, See, Frosch, Regenwurm, Ohr, Schallblase
Laubfrosch: Laich, Ast, Ufer, Bach, feucht, Rücken, Oberseite, Schleimig

9. Logical – von links nach rechts: Laubfrosch, Teichfrosch, Grasfrosch

10. So groß sind die Frösche: Laubfrosch 4 – 5 cm, Grasfrosch etwa 10 cm, Teichfrosch 9 – 12 cm

11. **a)** Von den tausenden Eiern, die Frösche legen, werden viele gefressen. Auch die Kaulquappen werden noch gerne verzehrt. So werden nur wenige Frösche erwachsen. Die müssen dann noch mit immer weniger Lebensraum, Gift in der Landwirtschaft und dem Straßenverkehr kämpfen.

b) Weil die Kröten (und andere Amphibien auch) massenweise überfahren würden, wenn sie auf dem Weg zum Laichgewässer sind und dabei eine größere Straße überqueren müssen.

c) Die Zäune müssen jeden Tag kontrolliert werden. Die Eimer müssen geleert werden und die Kröten auf der anderen Straßenseite ausgesetzt werden.

Christiane Zettl

Luchs, Wildkatze & Co

Deutschlands wilde Tiere genauer betrachtet

Wilde Tiere in Deutschland? Ein spannendes Thema, um Kinder für einen verantwortungsvollen Umgang mit der Natur zu sensibilisieren. Mittlerweile gibt es unterschiedlichste Wildtierarten in Deutschland. In spannenden Aufgaben und auf abwechslungsreichen Arbeitsblättern wird die Rückkehr der Wildtiere thematisiert. Spiele und Bastelideen runden das Material ab.

56 Seiten | 12 689 | ab 14,49 €

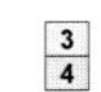

PDF plus — 3 | 4

Birgit Brandenburg

Wolf, Hund & Co

Nachdem der Wolf verjagt und nahezu ausgerottet wurde, kehrt er langsam wieder in unseren Lebensraum zurück. Die Wiederansiedelung im europäischen Raum hat stattgefunden ...

Inhalt: *Der Wolf kehrt heim; Leben mit dem Wolf; Sagen, Märchen und Aberglaube; Friedliches Zusammenleben; Wie kommt der Wolf zum Dackel?; Mit allen Sinnen; „Berufstätige Hunde"; Jagd-, Service-, Hirten-, Dienst- & Gesellschaftshunde; Seltsame Verwandte u.v.m.*

48 Seiten | 11 862 | ab 13,49 €

PDF plus — 3 | 4

Susanne Deluge

Hunde — Die treuen Begleiter unter der Lupe

Abstammung und die Entstehung der verschiedenen Hunderassen, Anatomie und Funktion der Sinnesorgane. Aufgaben eines berufstätigen Hundes, von Hirten-, Service-, Dienst-, Jagd- und Gesellschaftshunden.

Inhalt: *Hundezucht; Gebiss, Körper, Knochen; Das Fell; Pfoten; Die Sinne des Hundes; Eigenarten von Hunden; Verschiedene „Nutzhunde"; Hunde-sport; Hunderassen; Augen auf beim Hundekauf u.v.m.*

48 Seiten | 11 966 | ab 12,49 €

3 | 4

Susanne Deluge

Katzen — Gnadenlose Jäger auf samten Pfoten

Infos zur Abstammung der Katze und die Entstehung der verschiedenen Katzenrassen, die Anatomie und die Funktion der Sinnesorgane.

Inhalt: *Miau, Schnurren und Gebrüll; Haus- und Rassekatzen; Körperbau der Katze; Sinn für Sinn; Katzennachwuchs; Katzenernährung; Gesundheit der Katze; Katzenrassen und ihre Eigenarten; Fellfarben; Von der Geburt bis zum Erwachsenenalter u.v.m.*

48 Seiten | 11 967 | ab 11,99 €

3 | 4

Edith Aepli

Pferde — Wissenswertes über die beliebten Huftiere

Inhalt: ***Infoheft:*** *Urpferde, Paarhufer, Verwandte, Rassen, Körperbau, Ernährung, Gangarten, Fohlen, Hufreinigung, Hufeisen, Pflege, Reiten, Pferdearbeit, Pferderekorde;* ***Arbeitsblätter:*** *Pferde-Quiz, Farben der Pferde, Skelettvergleich, Der Pferdekopf, Gangarten, Araber - eine Legende, Redensarten, Körpersprache, Pferde-Suchbild, Pferde basteln u.v.m.*

48 Seiten | 11 343 | 15,80 €

2 | 3 | 4

Anja Hammelstein

Elefanten — Wissenswertes über die Dickhäuter

Inhalt: *Körperbau des Elefanten; Lebensraum der Elefanten; Lebensweise; Sozialverhalten; Elefantenkinder; Aufzucht; Elefanten und Menschen; Mammuts - die Vorfahren der Elefanten; Elefanten und Artenschutz; Projekt: ein Zoobesuch u.v.m.*

32 Seiten | 10 968 | ab 10,99 €

PDF plus — 3 | 4

Gabriela Rosenwald

Bären — Wissenswertes rund um die starken Waldjäger

Bären sind die größten Landraubtiere. Wir kennen sie aus dem Zoo. Hier werden Großbären und Kleinbären mit ihren verschiedenen Lebensweisen wie Nahrung, Fortpflanzung, Winterruhe usw. dargestellt – und natürlich auch die Bären, die gar keine sind, wie Seebär, Koala und Gummibärchen ...

40 Seiten | 12 144 | ab 11,99 €

2 | 3 | 4

Gabriela Rosenwald

Tiere im Zoo — Heimat & Lebensweise zahlreicher Tiere

Inhalt: *Affen (Orang-Utan, Gorilla); Raubtiere (Wolf, Fischotter); Bären (Braunbär, Eisbär); Großkatzen (Löwe, Tiger); Elefanten; Einhufer (Zebra); Paarhufer (Nashorn, Flusspferd); Kamele (Dromedar, Lama); Rinder (Bison, Antilope, Gazelle); Hirsche; Giraffen; Nagetiere; Robben; Delfine; Fische; Schildkröten; Krokodile, Schlangen, Vögel u.v.m.*

80 Seiten | 11 182 | ab 14,99 €

2 | 3 | 4

Petra Pfister & Christiane Zettl

Lama, Alpaka & Co — Die Familie der Kamele

Inhalt: *Alpaka, Lama und Co. (Tierkartei; Bestimmungsbuch; Steckb Lama oder Alpaka?; Welche Tiere haben sich hier versteckt?; Verw te Tiere; Rätseln und rechnen); Das Alpaka (Körperbau; Heimat; senswertes; Das Vlies der Götter; Von der Alpakawolle zum Schal; aus Alpakawolle entstehen kann); Wir wandern mit Alpakas (Inter mit einem Experten; Zu Besuch bei Lamas und Alpakas) u.v.m.*

52 Seiten | 12 400 | ab 14,49 €

Gabriela Rosenwald

Vögel — Von Amsel bis Zaunkönig

Der Band nimmt die vielseitige Welt der Vögel unter die Lupe. Ein formative Lernwerkstatt mit interessanten Infotexten und zahlreic Arbeitsblättern.

Inhalt: *Allgemeine Vogelkunde (Lebensraum, Nahrung, Vogel. Stand- und Zugvögel, Vogelfütterung im Winter, Körner- und Weic terfresser, vom Ei zum Vogel, Hühnerei, Organe des Vogelweibch Befruchtung, Nestbau); Heimische Vogelarten u.v.m.*

64 Seiten | 11 123 | ab 14,49 €

Ulrike Stolz & Lynn-Sven Kohl

Tiere im Winter

Winterschläfer, Winterruher & winteraktive Tiere

Inhalt: *Winterschläfer (Igel); Winterruher (Eichhörnchen); Winteral Tiere (Fuchs, Reh); Winterstarre (Eidechse, Frosch); Zugvögel (Sch be, Storch); Standvögel (Amsel, Kohlmeise); Vogelfütterung im Wi Tierspuren im Schnee; Weitere Tiere im Winter; Der Feldhase im W*

36 Seiten | 10 653 | ab 11,99 €

Wolfgang Wertenbroch

Der Igel

Der stachelige Insektenfresser unter der Lupe

Inhalt: *Was ist ein Igel?; Das Stachelkleid unseres Igels; Wo ist der zu Hause?; Wir Igel über uns; Unser Speiseplan; Unsere Fressfei Igelkinder; Märchenhaftes; Der Igel im Winter; Igel-Basteleien; Zur e nen Kontrolle; Erstaunliches über den Igel u.v.m.*

44 Seiten | 10 814 | ab 12,49 €

Claudia Eisenberg

Winterschläfer, -ruher & -aktive

Igel, Eichhörnchen, Wildkaninchen & Co.

Inhalt: *Winterschläfer: Der Igel (Lebensraum, Aussehen, Sinne und Kom nikation, Winterschlaf, Nahrung, Nachwuchs, Freunde und Feinde ...); terruher: Das Eichhörnchen (Lebensraum, Verhalten, Aussehen, Nahrung Das winteraktive Wildkaninchen u.v.m.*

112 Seiten | 11 298 | ab 18,99 €

Wolfgang Wertenbroch

Leben im Wasser — Fische unter der Lupe

Inhalt: *Wie die Fische gebaut sind; Fische im Süßwasser; Leben & Atme Wasser; Anpassung der Lebewesen an ihren Lebensraum; Sinken, sch ben, steigen; Nahrungsketten und Nahrungsnetze; Anpassung der Wale; verschmutzen unsere Meere; Über Wanderfische & Fischwanderungen; Fischtreppen und verschmutzte Flüsse*

48 Seiten | 10 666 | ab 11,99 €

Gabriela Rosenwald

Wale, Delfine, Robben & Co

Die Welt der Meeressäugetiere

Inhalt: *Familien und Arten; Was sind Meeressäuger?; Lebensraum Meer; entwickelten sich die Meeressäugetiere?; Robben (Familien, Sinnesorg Walrosse); Seekühe; Wale (Familien, Bartenwale, Zahnwale, Sinnesorg der Wale); Andere Raubtiere (Eisbär, Seeotter) u.v.m.*

56 Seiten | 10 918 | ab 12,49 €

Anja Hammelstein

Tiere leben im Ökosystem

Inhalt: *Ökosystem allgemein; Savanne/Steppe (Elefant, Giraffe, Zebra Polarregionen (Pinguin, Eisbär); Wüste (Skorpion, Kamel); Tropischer genwald (Papageien, Affen, Vogelspinnen); Wasser (Haie, Robben, W Delfine) u.v.m.*

56 Seiten | 11 406 | ab 12,49 €